つげ義春の温泉

つげ義春

筑摩書房

つげ義春の温泉　目次

◉写真

青森・岩手・宮城・山形

秋田

福島

関東・甲信

九州・近畿

◉エッセイ

本文デザイン　真田幸治

写真

恐山

青森・岩手・宮城・山形

湯野川温泉

ゆのかわおんせん

青森県下北郡川内町川内

昭和45年9月

昭和45年9月

夏油温泉《げとうおんせん》

岩手県北上市和賀町岩崎新田

昭和44年8月

昭和44年8月

昭和44年8月

昭和44年 8月

定義温泉《じょうげおんせん》

宮城県仙台市青葉区大倉

昭和44年8月

瀬見温泉　せみおんせん

山形県最上郡最上町瀬見

昭和44年8月

今神温泉

いまがみおんせん

山形県最上郡戸沢村角川今神

昭和44年8月

昭和44年 8月

昭和44年8月

昭和44年8月

肘折温泉

ひじおりおんせん

山形県最上郡大蔵村大字南山字肘折

昭和50年3月

別館
六助

昭和50年3月

寒河江商店
TEL 47

昭和50年3月

黒湯温泉

【秋田】

蒸ノ湯温泉

ふけのゆおんせん

秋田県鹿角市八幡平熊沢国有林内

昭和44年8月

昭和42年10月

昭和42年10月

昭和44年8月

黒湯温泉 くろゆおんせん

秋田県仙北郡田沢湖町生保内字先達沢国有林

昭和51年9月

昭和51年9月

昭和51年9月

孫六温泉　まごろくおんせん

秋田県仙北郡田沢湖町生保内字先達沢国有林内

昭和51年9月

昭和51年9月

小安峡温泉

おやすきょうおんせん

秋田県雄勝郡皆瀬村小安峡温泉地内

昭和42年10月

湯ノ神温泉

ゆのかみおんせん

秋田県仙北郡南外村湯神台

昭和51年9月

萬福館

泥湯温泉《どろゆおんせん》

秋田県湯沢市高松字泥湯沢

昭和51年9月

真山旅館
真山旅館
小椋旅館

昭和51年9月

昭和51年9月

昭和51年9月

昭和51年9月

早戸温泉

福島

早戸温泉《はやとおんせん》

福島県大沼郡三島町早戸字湯ノ平、湯ノ上

昭和46年5月

昭和51年11月

昭和51年11月

西山温泉

にしやまおんせん

福島県河沼郡柳津町西山温泉

昭和51年6月

昭和46年5月

昭和46年5月

昭和51年6月

玉梨温泉

たまなしおんせん

福島県大沼郡金山町玉梨

昭和45年5月

昭和45年5月

昭和45年5月

大塩温泉
おおしおおんせん

福島県大沼郡金山町大塩字休場

昭和51年11月

昭和51年11月

昭和51年11月

二岐温泉

ふたまたおんせん

福島県岩瀬郡天栄村二岐温泉

昭和42年11月

昭和48年5月

滝ノ原温泉

たきのはらおんせん

福島県南会津郡田島町滝原

昭和45年5月

湯ノ花温泉

ゆのはなおんせん

福島県南会津郡舘岩村湯ノ花

昭和46年5月

昭和46年5月

木賊温泉

とくさおんせん

福島県南会津郡舘岩村宮里字湯坂

昭和45年5月

昭和45年5月

昭和45年5月

湯岐鉱泉

ゆじまたこうせん

福島県東白川郡塙町湯岐

昭和48年5月

昭和48年5月

北温泉

関東・甲信

北温泉《きたおんせん》

栃木県那須郡那須町湯本奥那須

［左頁］昭和51年11月

昭和51年11月

湯宿温泉 ゆじゅくおんせん

群馬県利根郡新治村湯宿

［左頁］昭和43年2月

昭和51年6月

四万温泉　しまおんせん

群馬県吾妻郡中之条町四万温泉

昭和63年8月

昭和63年8月

尻焼温泉

しりやきおんせん

群馬県吾妻郡六合村入山

昭和43年夏

明治温泉

めいじおんせん

長野県茅野市豊平奥蓼科

昭和44年5月

秋山郷　屋敷温泉

長野県下水内郡栄村屋敷

あきやまごう　やしきおんせん

昭和43年夏

別所鉱泉《べっしょこうせん》

神奈川県愛甲郡清川村煤ヶ谷

昭和63年11月

旅館渓間屋
別所温泉
旅館渓間屋
温泉旅館

不動の湯温泉

ふどうのゆおんせん

埼玉県秩父市下山田

昭和61年8月

鶴鉱泉 つるこうせん

山梨県北都留郡上野原町鶴島

昭和63年11月

峐の湯温泉

九州・近畿

湯村温泉

ゆむらおんせん

兵庫県美方郡温泉町湯

昭和50年9月

壁湯温泉 かべゆおんせん

大分県玖珠郡九重町大字町田

昭和47年1月

湯平温泉《ゆのひらおんせん》

大分県大分郡湯布院町湯平

［左頁］昭和44年8月

昭和44年8月

大観荘
若鶴
大観荘
旅館
大観
中央温泉

昭和44年8月

蜂蜜饅頭

峐ノ湯温泉《はげのゆおんせん》

熊本県阿蘇郡小国町西里

昭和47年1月

焼酎
三楽
三楽オーシャン株式会社
酒食料品雑貨
白地商店
TEL 6527

エッセイ

黒湯・泥湯

以前から青森県の黒石温泉郷と青荷温泉へ行ってみたいと思っていた。だが昨年子どもが生まれてから遠くへ出かけるのがなんだか心配でならない。出発の日は一日緊張していた。家のことが気がかりだったのか夕食も喉を通らない。こんなことは初めてだ。

夜十時に新宿で詩人の正津勉さんと待ち合わせ上野へ行き、二十二時四十一分発の急行津軽二号の寝台に乗る。寝台は窮屈なので宇都宮あたりまでは、普通車の方の席でとりとめのない雑談をする。しかし、いつもなら列車に乗ってしまうと緊張もほぐれるのに、今回は少しもリラックスできない。寝台に横になっても眠りは浅く、夜半三時半頃目ざめてしまい、正津さんも目ざめたので、妻が持たせてくれた握り飯を食べた。するとその後胃が痛みだした。

朝八時に奥羽線大曲着。ひどい空腹を覚え、駅のスタンドで立喰そばを食べるが、何故か空腹感が収まらない。

黒石と青荷行きは遠すぎ億劫になり、予定を変更し、大曲からバスで一時間の、南外村の「湯ノ神温泉」へ行く。湯ノ神は温泉案内書でもめったに紹介されることはないので、俗化していない掘り出し物かもしれぬ期待もあったが、田圃の中に三棟の宿舎がかたまってあるだけの、景色は平坦で平凡でまったくつまらぬ所だった。昔の木造の校舎のような湯治部屋を覗いてみると、何かの収容所のように、足の踏み場もないほど布団が敷かれ、お婆さんばかりがゴロ寝をしていた。姥捨ての光景を見るようで、とても泊る気になれない。宿の周囲に人家はほとんどないのに、理髪店がポツンとあり、こんな田舎には不似合な若い美人の理髪師が二人、私たちに笑顔を見せていた。

仕事になりそうもないので早々にひき上げたが、〝農民湯〟とはこういう所のことをいうのだろうか。つまらないと思ったのが別の角度から見ると案外面白いのかもしれないと、帰途のバスの中で思い直し、泊ってみるべきだったかと、ちょっと惜しまれる気がした。

大曲から列車で田沢湖へ行き、そこからバスで黒湯へ向かう。途中の景色は以前来たとき（一九六九年）とくらべ、レジャー施設や洋風の建物が増え、道路も整備され、山奥の湯治場へ行く気分にはなれなかった。

黒湯はあまりに有名になりすぎたので、今回の取材は少し手前の「妙の湯」にするつもりでいたが、増築されて昔の飯場のような粗末さが失われていてがっかり。

黒湯はバスからドッと降りた客が宿の前に行列する繁盛で、私たちで丁度満員になり、後に並んでいた二十人ほどは泊れなかった。以前のヒマでのんびりした良さを自分は知っているので、この混みようには驚いた。黒湯のすぐ近くの「鶴の湯」「蟹場」など増改築されてきれいになり、そのせいなのか、かえってヒマそうなのにくらべ、黒湯に人気が集中するのは、やはりその佇いの素朴さにあるのだろう。噴火口の底のような、どこからでも湯の出る源泉の上にじかに建ててある五、六棟の宿舎は、ワラ葺き、板葺きの木造ばかりで野趣がある。コンクリートや鉄筋は温泉の成分ですぐボロボロになってしまうそうで、それがかえって幸いして素朴さを保っているのだろう。以前泊ったとき、二階のトイレに入ると、便が小川に落下して行くのが見え爽快だった。チリ紙が風に吹き上げられ、戻ってきてしまうのは閉口したが。

近頃温泉案内書は、宿屋がホテルのように立派に建て替わると、〝都会人向き〟と推奨するが、おかしいと思う。都会人こそ黒湯のような鄙びた味を好むのではないだろうか。

さっそく何枚か写真を撮ったりしたあと、散策がてらすぐ近所の「孫六湯」へ行き、そこでもカメラを向けたりしていると、黒湯の方から三十五、六歳の男が追って来て、さかんに写真を写しているようだがどこの雑誌に発表するのかと訊問する。自分はカメラマンではないと答えると、じゃあなんで写真を撮っているのだと詰め寄る。旅に出れば誰だって写真を撮るじゃあないですかと言うと「やたら人の裸なんか写すんじゃねえぞ」と睨みつける。先ほど黒湯の露天風呂を、私は目立たぬよう遠くから写していたので、それで立腹しているのだろう。いつか本職のカメラマンが来て、さんざん荒らして行ったと怒る。それは多分私の知っている某氏のことのようで、ヌードモデルを大勢つれて来て、傍若無人に振舞ったとの噂を聞いていた。私は人物はなるべく写さぬようにしているが、今後は気をつけようと思った。

宿に戻り夕食をとると、また胃が痛みだした。空腹時に感じる胃酸過多のような痛みなので、空腹のせいかと思い無理をして食べた。夜半に空腹になりまた痛むことを心配し、夜食のおにぎりを作って貰い、さらに売店でピーナツ、スルメイカまで買ったが、胃を痛めた経験がないので、どうしたらよいのか分からず食べてばかりいる。

私たちの隣りの部屋には、中年男が七、八人泊っていた。襖越しの会話で学校の教師のようで、かなり温泉通のようで、来年は「泥湯」へ行く相談などしていた。温泉でゆで卵ができたと喜んでいる。左隣りの部屋には若い女性の一人客。正津さんは気にしているが、姿を見ることはできない。

翌日――。新庄から「羽根沢温泉」へ行く予定でいたが、どういう所なのか知識なく、仕事にならぬ場合も懸念され、昨夜の教師たちが話題にしていた「泥湯」へ行くことにする。泥湯は一九六七年に近くの「小安峡《おやすきょう》温泉」まで来て行きそびれているので是非行ってみたいと思っていた。

また大曲を経て、湯沢駅に下車し、そこから泥湯まで二時間のバスに乗った。駅前の薬局で消化薬のアンプルを服むと、スッと痛みが消えて、消化不良だったことが判明し、バスの中ですっかり気分が良くなった。

泥湯はかなり山奥の、小さな盆地の底に十数戸の家がひとかたまりになっていて、付近で硫黄が採掘されているせいか、山肌が露出し荒涼としている。目を射る白い瓦礫の堆積する景色は賽の川原を想わせる。泥湯の古い写真を見ると、杉皮葺き屋根の粗末な家ばかりだったが、三、四年前にトタンに葺き替えてしまったとか。乞食小屋のようなところに泊ると、自分は何故か安心するので、それが泥湯を訪ねる目的だったので、ちょっとがっかりした。

宿屋は三軒しかなく、小椋旅館に投宿した。温泉は泥のような色をしているかと期待していたら、案外きれいな湯で硫黄臭がする。湯量は豊富なのに露天風呂がないのは物足りない。道端にいきなり湯が湧出しているほどなのに勿体ないと思う。その畳半分ほどの湧出口を囲んで、老人が三人しゃがみこんで、割箸にガーゼをつまんで目を洗っていた。目病みによく効くらしいが、何の装いも造作もない道端の湯壺で目を洗う光景は、なんだか異様に思えた。

宿屋から二百米ほど離れた草むらの中には、家畜小屋のような蒸し湯もあったが、あまり利用されていないのか、ほこりが積っていた。小屋の床下に湯壺があるようで、床板のスキ間から湯気が噴出し、そこに横になって蒸されるようになっている。丁度中年婦人が三人やって来て、面白がって横になったが、少しも熱気を感じないと言っていた。

ひと巡りして宿に戻ると、テーブルの上に置いてあった私の銀メッキのライターが真黒に変色していた。温泉の酸気にやられたのか、ポケットの中の硬貨を取り出してみると、やはり真黒になっていた。

泥湯は黒湯のように観光客の姿はなく、まったくの湯治場で、客寄せの露天風呂なども造ろうとせず素気ないほどだが、通俗な観光地の真似をしないのは有難いと思う。湯治客相手の小さな雑貨屋で、「湯の華」を買うと、温泉の泥を手でこねた饅頭型の素朴なもので、子供の小さな指のあとが残っていた。いかにも山峡の湯治場らしく思えた。

（昭和51年9月）

早戸温泉

上州湯平《ゆびら》温泉

妻が癌の手術をしたあと、私ども家族三人は千葉県の隅の方、醬油の町野田市の近くへ逃がれるように越して行った。厄災をもたらす魔ものがいるなら、少しでもその目をのがれ、目立たぬ所でじっと息を殺しているしかない。すっかり気弱になった私は、雑木林の多い淋しいこの片田舎の町で、ひっそり隠れ棲むことを願った。

神経的に胃を病むようになり、日々体重の減少していくのを、もしや自分も癌ではないかと怖れ、体重計を風呂場に据え、一キロ減ると蒼ざめ、庭の隅にある朽ちかけた小さな祠が厄病神に思えたり、家の外壁のトタンの裾のスキ間からトカゲの尻っぽのたれ下っているのを見ては、外壁の内側にびっしりトカゲがつまっているのではないかと怯えたり、深夜、隣家の巨大な猟犬が庭に侵入してきて、閉じた雨戸のスキ間に鼻を押しつけ、私どもの臭いを嗅ぎつけるようにフーフー荒い息を枕元に感じては寝つかれぬ夜を過したりで、何かと神経を細らせての不安な日々を送っていた。

そんなときの唯一の慰めは散歩をすることだった。厳寒の季節でも、雨さえ降らなければ毎日のように、二歳になったばかりの子どもを自転車に乗せ、家族三人で出かけていた。

ある日、片道六キロはある流山の町へ行ってみると、宅地開発からとり残されたような古い家並みの一角があった。流山街道に沿って、いかにも街道の町といった趣きを残し、懐かしい気持ちで自転車を曳いて歩いていると、崙《ろん》書房という小さな看板を下げている家が目にとまった。事務所らしい構えもなく、ごくふつうの古ぼけた住宅で、「ご免下さい、どんな本を出版されているのですか」と訪うと「どうぞお上りになって見て下さい」と言われた。サンダルをぬいで上り、襖を開けると、和室に机を二つ三つ並べた編集室に三人ほど人がいて、昔の貸本マンガ出版社を見る風情で、いい感じだなと思った。隅に小さな本箱がひとつあり「利根川随歩」「利根運河誌」「七夕の洪水」の三冊抜き出して頒けて貰った。他に猿島郡史や葛飾のなんとかというような、主に千葉県の郷土史関係の出版物も目にとまり、地道でしっかりした本作りをしているようで好感が持てた。

　こっちに越してきて、利根川と江戸川、二つの川を結ぶ運河など散策して見て回り、飯島博の「利根川」や、赤松宗旦の「利根川図志」など、以前読んでいた私は、頒けて貰った三冊も興味深く読んだ。明治時代の利根川は、巨大な水車をつけた黒い煙を吐く汽船が航行し、舟遊び、お花見なども盛んで、行楽地として賑わっていたようだ。明治のこんな田舎では、チョンマゲ姿もいたかもしれない。そんな長閑な光景を頭に画き、その景色の端のほうに自分をはめこんでみたりした。

　三冊のうち、添田知道の「利根川随歩」は昭和十五年刊の復刻本で、帯に〝昭和の利根川図志〟とある。楽しい内容で一気に読んだ。河口から水源までを徒歩で、ときには浴衣に下駄ばきで、風物を見て歩く話は実に呑気。うなぎの天ぷら食わす店があると聞いては、それは珍しいと出かけて行くあたりは、胃の悪い私も食欲を覚えたりした。

　著者はずっと上流の群馬県後閑《ごかん》の月夜野という所から、利根川の支流赤谷川へも道草をし、猿ケ京や法師温泉の手前の湯宿《ゆじゆく》温泉あたりで土地の者と酒をくみ交し、人に知られていない「湯平《ゆびら》温泉」のあることを聞き出したりしている。私はおや？

と思った。湯宿温泉は何度か訪れているが、近くにそのような温泉があるのは知らなかった。地図をとり出し調べてみると、湯平温泉のあるという奥平集落は分かったが♨マークはない。別の地図を見たり、温泉案内書で調べても湯平温泉は載っていない。分からないとなるとしきりに想像がふくらんだ。人に知られず湯煙を上げているのではないかと想うと、穴場を発見したようで、誰かに先を越されるのではないかと、心配までした。

旅や温泉のことを考えると、いくらか気も安まるのだが、心身の復調せぬまま、ほどなくして、私たちは千葉から元の町に戻った。弟を頼って越して行ったのだったが、弟以外親しい人もなく、かえって心細さが増したためだった。

しかし、心身の不調はさらに悪化し、私は精神科へ通院するようになり、旅への関心も失せた。気持ちは内向するばかりで、しばしば発作を起こし仕事もできない。生活は細り、将来を暗くしていた。

そんな折り「久しぶりに旅をしませんか」とある雑誌から紀行の依頼があった。旅行できる状態ではなかったけれど、家計のこと思うと断われない。無理をいって編集者の同行を遠慮してもらい、付き添いということで、家族同伴で出かけることにした。

行き先は手近な所で、群馬県の湯宿温泉に決めた。いつ病状が悪化するかもしれないので、用心のため何度か行って慣れている所を選んだのだった。そしてもし体調が良ければ、「利根川随歩」に紹介されていた湯平温泉へも寄ってみようと思った。

子どもは六歳になり、遠出をしても心配なさそうで、出発の前の晩ははしゃいだりして、私も緊張はなく、うまくいけそうに思えた。だが、当日になると、上野駅へ向かうまでにジワジワと発作が出てしまった。

発作が起きると、体の内部にいいようのない不快な違和感を覚える。筋肉や血管の収縮でも起きているかのようで、同時に強烈なウツになり、何もかも関心が薄れる。車窓の景色を眺める余裕もなくし、口も重くしていた。

二時間ほどで後閑駅に着くと、上越の山はまだ雪景色だった。不調だと寒さもこたえる。妻にせがまれ駅前の喫茶店に這入るが、不安のあまり震えも出て、一刻も早く宿を決めて横になりたい。妻子に心配をかけぬよう平静を装っても、一分一秒が我慢ならず、やっとのおもいでコーヒーを飲み、あたふた店を出、タクシーに乗り二十分ほどで湯宿温泉に着いた。

取材費が出ているので、宿代を心配せず、一番上等そうな湯本館に投宿した。それでも一泊五千円で湯宿は相変わらず安い。まだ寒い季節のせいか、宿泊客は二、三人しかいないようでひっそりしていた。

十畳ほどの部屋に通されると、私はすぐコタツに横になった。取材に外へ出る元気もない。とくに取材をしなくとも、文章の構想は出発前にほぼまとめてある。こんな場合も予想され、過去に訪れたことを書く予定にしているので心配はないが、そのとおりになってしまい情けない。

すべてに関心を失うと、体もそのように反応し、夕食を見ても食欲が起きない。無関心の料理を無理に口に入れると吐きそうになる。まさに砂を嚙むという思いで、やむなくお新香でお茶漬けにして、一膳をやっと流し込んだ。

私が無口でいると妻子もつまらぬようで、風呂もさっと済ませ、早々に床に就いた。症状のひとつで腹痛も起き、心因と解っていても、かなりの痛さでエビのように体を曲げ、心細くいつまでも寝つけないでいた。

翌日は幸い腹痛は治まっていたが、朝食を見ただけで吐き気を催した。それでも早く帰りたい気持ちを堪らえて、家族サービスのつもりで、湯平温泉を訪ねることにした。

タクシーの手配をし待っている間に、私一人宿の外へ出て、ムカムカを吐き出すつもりで、路地のドブにかがみこんで喉に指を入れたりして苦しんでいると、汚物は出ないのに不安の塊りを吐き出したかの如く、喉がすっと通った。すると急に発作が軽くなった。どういうことか解らぬが、気持ちも落着き体の不快感も消えほっとした。

タクシーは中之条や四万温泉の方向の山の方へ登って行った。山の上には旧三国街道の塚原宿、須川宿がある。運転手に様子を聞くと、今はすたれて面影は残っていないと言う。湯平温泉のことも尋ねると、宿は一軒きりで、一時休業していたが、昔のことや、いつ再開したのかも知らぬ。つまらぬ所ですよと愛想がない。

二十分ほど走り、奥平という集落の近くで道はそれて、さらに五、六分山道を行くと、冬枯れの淋しい山のすそに、湯平温泉の一軒宿が、なんの装いもない佇いをみせていた。そばにゴロゴロした石の散乱する四、五米幅の荒れた野川が流れ、腐りかけた小さな木橋が架かり、どこにも温泉らしさのない貧相な景色で、しばし眺めているると景色に染りそうだった。景色の印象は見る者の心持ちが反映されるといいうけれど、自分の心は常に貧相なのだろうか。「心貧しき者は幸いなり……」と、ひとつ覚えの聖書の言葉をときに思い出すこともあるけれど、私のどこが幸いなのだ。

宿の前には田圃をつぶしたような大きな池があり、ピラニアに似た魚がうようよ泳いでいた。池から湯気が立ち昇り、手を浸けてみると温かかった。

予約もなしで宿を乞うと、朴訥そうな中年夫婦が出迎えてくれた。二人ともほっそり痩せ型で、主人は野良着のようなナリで、オカミサンは珍しいモンペに割烹着姿。二階に六畳が三室しかない小ぢんまりした民宿風で、泊り客はいない。はじめに一軒宿に見えたのは誤りで、宿にくっつくように隣家が並んでいる。隣家のほ

昭和57年3月　湯平温泉

うが古風な宿屋造りになっていて、現在は農家と聞いたが、「利根川随歩」の時代は隣りが宿屋だったのではないのか。私たちの宿のほうが築年数が浅いのは再開して間がないということなのか。どういう事情になっているのか、訊いてみなかった。

二階の六畳間に通されると、妻は安アパートのようだとちょっと不平をもらしたが、不調になってから精神が縮小気味の私は、質素なほうがむしろ気が安まる。しばらく休んでから外に出てみると、雪がチラついていた。散歩をする所もなく、写真を少し撮ってから部屋に戻ろうとすると、主人が居間のコタツでお茶を入れてくれた。

池の魚はテラピアという熱帯魚で、食用として養殖され、経営者は遠くにいて、宿の夫婦は宿と魚の世話に雇われているという。湯量は豊富で、裏山から滝のようにあふれ、湯温が36度と低めなので、養殖に適しているらしい。浴客は近在の農家の老人が一、二泊ていどの骨休めに来るのが主で、私たちのような都会からの客はマレで、どこで知って来たのか問われたが、戦前の本の話を持ち出すのは、酔狂にすぎるので黙っていた。そのうちに、中学一年生という小柄な少年が帰ってきて、主人は魚の世話のことを何か指示していた。どうやら三人暮らしのようで、優しい父親の表情をみせていた。

夕方からうっすら雪景色になり、冷えた体を湯に浸かりに行くと、風呂場は四畳ほどの狭さで、沸かし湯にしてもぬるくて、温泉というより鉱泉といった趣きで、温泉より鉱泉のほうが評価が低く、これも自分にふさわしいように思えた。

夕食は主人が二階まで何度も往復して運んできた。この仕事に馴れないのか、おどおどした手つきと物腰に、生活の苦労を見ているようで、つい目を伏せた。布団も主人が敷きにきて、私も妻もしきりに恐縮した。

何もすることもなく、十時頃床につくと、宿の家族も寝たのか静かで、裏山の湯の流れ落ちる音だけが聴こえていた。私は、無口でひかえめな人柄の主人に親しみを覚え、こんな粗末な宿で、家族ぐるみ住込んでいる境遇を想ってみたりした。質素で慎ましい埋もれたような人生は、不遇にみえることもあるけれど、こういう辺鄙な片隅ではあっても、平穏無事に過ごせるなら悪くないのではないか、不遇なら厄災も張合をなくして相手にしなくなるのではないかと、自分の不調のことも思い巡らせていると、何かしら癒しに似た心持ちも兆し、いつか眠りに落ちた。

（昭和57年3月）

秩父の鉱泉と札所

秩父の鉱泉と観音霊場を少し巡ってみようと提案し、妻と十歳の正助と三人で発った。秩父はこれで四度めで馴染んでいる。数年前池袋から直行の電車が通じるようになり初めて乗った。

以前は友人のTさんの車で正丸峠を越えて行った。Tさんの軽自動車は貧乏たらしく折れたマフラーを泥で固めボロ布で巻いていた。馬力があまり出ないのであえぐように正丸峠の頂上にたどり着くと、そのボロ布が燃え出した。夜中のことで辺りは暗闇で人家もなく、慌てて「小便ぶっかけて消そう」と騒いだが、車体の下に放尿するのは困難だった。ふと草むらの方をみると、峠を往来する人のためなのか井戸から汲み上げている水道があり助かった。その正丸峠をトンネルくり抜いて電車は秩父盆地へ下って行った。秩父のシンボル武甲山は頂上に雲が一片ひっかかり吹流しのようにはためいていた。

終点から秩父鉄道の秩父駅の方へ歩いて行った。骨董屋をのぞいたり喫茶店に入ったりした。妻はどこでも喫茶店に入りたがる。地元の芸術家や文化人の溜まり場のような雰囲気で、芸術家の苦手な私は居心地悪かった。知性や教養のない私は気おくれするからだ。秩父駅に着くと妻はすぐ大便をした。

駅前でタクシーに乗り、横瀬川に沿って点在する山田、美やま、新木の湯と見て行った。昔とくらべて立派になっていた。鉱泉は素朴な田舎宿のほうが味も濃いわけで、観光宿になると泊る気がしない。

不動の湯は横瀬川の崖下の川原にある。札所一番寺に近いのでここに決めた。この宿は巡礼客の利用が多いというので、それらしい味を期待したのだったが、やはり行楽客が多いようでざわついていた。一階の奥まった暗く陰気な部屋に通された。私一人なら陰気を嚙みしめていられるのだが、妻子は川に面した部屋はみなふさがっていると聞いて残念がった。窓の外は崖がせまりうっとうしい。その崖下に不動像があると女中さんに聞いた。ちょっと出てみると、五、六米はある巨きな石像が左右の目玉を上下させ天地を睨んでいた。迫力に圧され思わず手を合わせた。

夕方まで間があるので一番寺を見物しに出かけた。車通りをさけ二キロほどの道のりを裏道えらんで田舎の景色の中を楽しんで行った。いま遍路をしているわけではないけれど、四国遍路、九州の篠栗遍路をしたのが思い出された。

篠栗霊場は惹かれて二度行った。住職のいない札所が多く、たまに小さなお堂があると、爺さんや婆さんが堂守りして、血の道の薬草やアメ湯など売ったり、占いや祈禱などして細ぼそ暮らしているのだった。いかにもものの寂びた印象で、それ以来私は堂守りに憧れるようになった。私はつねに不安なので、それを鎮めるには、夢も希望も自由も得られない限定された境遇に自分を置くことによって可能なのではないかと、そんなふうに思え、堂守りや墓守りなどして自分を閉じて暮らすのもひとつの方法ではないかと、考えたりしていた。この秩父霊場も無住の札所が多いので気になるのだった。

一番寺はわりと質素で人影はなかった。小さな売店で子供用の仏教マンガを売っていた。昔懐かしい三色刷りの絵本のような造りで、画風は子供時分に見た記憶があった。当時のまま版を重ね全国の寺院を販売網にしているならすごいと思った。一冊買ってひと休みしながら短篇の一話を読んでみた。「めくらと象」という題で差別語もそのまま。

数人の盲人が象の体に触れてみて、それぞれが胴や足、耳や尾などの触感から、太い柱のようなものだ、いや壁のようだった。パタパタしたうちわのようだ、いやヒモのようなものだった、と互いの意見を衝突させ争いになる。やむなくお釈迦様に判定を仰ぐと、お釈迦様は、部分だけで全体を知ったような気になり、この世のすべてを解ったかの如く己惚れる愚かさを諭す。

よく知られている話で、私も子供の頃から知ってはいたけれどすっかり忘れていた。いま読んで理解できたが、自分のことを指摘されたようで頭をかいた。どうせまたすぐ忘れるに違いないが。

宿に戻って湯に入った。総タイルの銭湯のようで鉱泉に浸っている気分になれなかった。夕食は大広間の座敷に集まり、団体旅行に来ているような具合だった。舞台が設けられていて、カラオケも始まり早々に退散した。夜半雨になり、いくらか涼しく寝ることができた。

翌朝は十時まで降り続いた雨は、うまい具合に上がってくれた。バスで四番金昌寺へ行った。境内に千体以上の石仏が散在する人気の寺で、以前同業の水木しげるさん、池上遼一君を案内したことがあった。山門だけが立派で本堂らしき建物はなく、古ぼけたお堂と堂守りの家があるきりで素朴な寺だ。お堂の軒下に、赤児を抱いて乳を飲ませる観音像が珍しい石仏で、これも人気がある。

その観音像の目の前に、以前はなかった新しい大きな墓があった。墓地はお堂の横手にあるのに、一基だけその位置にあるのはいかにも邪魔くさい。みると元有名な国会議員の墓だった。最も人目につく所に建てたのは、死んでも自分を誇示したい浅ましさか。寺に多額の寄付でもして特別扱いされているのかと勘ぐった。「現世の権勢はあの世じゃ通用せんぞ」などと私はブックサ言うと、「地獄の沙汰も金次第と言うじゃない」と妻は言った。

堂守りの家でゴマとゴマすり器を近所の人のお土産に買って、五番寺へ向かった。雨上がりの盆地はむしむししてパンツまで濡れる大汗かいた。二キロ弱歩いてはやバテてしまった。道端の小さなお堂の軒下にべったり尻を落として「苦行したって悟れるものじゃないんだ、タクシーで行こう」と、堂守り暮らしを考えるくせに、私はかくもだらしないのだった。妻子は元気でけろりとしている。

またバスで秩父駅へ行き、電車に乗って浦山口下車。少し歩くと二十八番橋立堂がある。ここは鍾乳洞があり、正助を楽しませる心づもりで寄ったのだが、二十年前は店一軒なくさびれていたのがさま変りし、たくさんの出店で賑わっていた。観音堂の背後にそびえる八十米の大岩壁の奇景には圧倒される。胎内巡りの行場ともいわれる鍾乳洞の内部は、横の広がりはなく、上に上に登って行くハシゴが続いている。雨後のせいか息詰まるほどの湿気で、私はまたへこたれた。初めての鍾乳洞見物を正助は楽しんだ。

鍾乳洞のすぐ近くには浦山渓谷がある。ここも馴染みで懐かしかった。正丸峠で火事騒ぎを起こしケチのついたTさんの車は、あれからこの渓間に来て今度はパンクをした。車の中で野宿をし、翌朝目覚めると空気が抜けていたのだった。人里離れた所でどうすることもならず、車輪をはずして町まで修理に行った。車輪は案外重く持ちにくく、腰をこごめて転がして行ってもすぐ腰が疲れる。扱いかねて足で蹴飛ばして転がしたりしていると、坂道で勢いづいて車輪は勝手に走り去って行った。渓に落下してはコトだと、二人は懸命に追いかけたりした。修理をして戻るときは、竹棒拾って車輪に通して二人前後してかついで行った。滑稽な姿が意識され「まるで駕籠かきだね」と言うと、Tさんは「エイホ、エイホ」とかけ声かけるのだった。

そのときの渓筋の道も舗装され道幅は広くなり、幽谷の面影は消えていた。「渓へ下りてみよう」と、歩いてほてった足を水に浸けたくなった。渓は深く崖は樹木が密生し下りるところがない。うろうろしていると、人の踏みしめたような細い急坂があった。下りきった所に前掛け締めた肥ったオバサンがいた。「一人五十円」と手を出した。崖を下りるだけで有料とは面食らった。あまりのガメつさに「じゃあやめます」と引き返した。経済成長するにつれ、かえってさもしくなるんだなァと思った。

その辺りでタクシー拾い、今夜は柴原鉱泉泊りと決めた。三方山に囲まれた鉱泉場は四軒の宿がある。二軒は湯治専門で惹かれたが、妻子に合わせ、小ぎれいな白百合荘を選んだ。ここも湯治部が別棟にある。旅館部のほうは造りは立派で、最上級と思えるほどの素晴らしい部屋に通された。妻子は喜んで、私も貧乏趣味一辺倒ではないのでくつろいだ。

外へは一歩も出なかった。狭い窪地で宿屋以外三、四軒の人家があるきりで見物するものはないし、部屋が心地良すぎて動く気になれないのだった。風呂場は総榧《かや》

昭和61年8月　柴原鉱泉　白百合荘

ノ木造りで改築でもしたのかまだ新しく木の香が漂っていた。夕食はきちんと部屋まで運んでくれて八品もついた。近くの山で獲れる猪鍋も並んだ。これで昨日の宿より少し安く、気を好くし満腹して「極楽極楽」と他愛ないのだった。

翌朝は七時に気持ち良く目覚めた。ちょっと外へ出て五、六枚写真を撮ったりしてから、宿の車で日野駅まで送って貰った。歩くと四十分かかる山道を七分で着いた。電車で秩父駅の隣り、お花畑駅に下車。近くの十五番少林寺を見物する。町なかなのでさびれてはいない。ここの本堂には観音経を絵解きした十六枚の奉納額がある。案内書に紹介されていたその絵に魅せられて見に来たのだった。住職の許可を得て、本堂の座敷に上がり、欄間に飾ってあるのを拝観した。信者が描いて奉納したもののようで稚拙なのだが、深い信仰の純な心がつたわってくるようだった。ごてごてした祭壇よりこの絵のほうに信仰のリアリティがあるようで、畏まった気持ちになった。

この十五番付近の町並みは古い家が残り楽しく歩いた。秩父は大きな街だが、裏道は落ち着いた田舎町の趣きがあり、住んでみたい気持ちにさせられた。ぶらぶら散歩のように西武秩父駅の方へ歩いて行くと、十三番慈眼寺の前に出た。狐狸でも出そうな破れ寺を好む私には町なかの寺は物足りない。でもついでだサービスしておくかと寄ってみた。薬師堂に秩父霊場を開いた伝説上の十三権者像が色あざやかに並んでいた。きっと重要なものなのだろうが、いま見て来た少林寺の無名の絵ほどの浸透力はないように思えた。

早めに帰ることにし、西武秩父駅に来ると、行楽客であふれていた。西武電車が開通してから客足も増え、この二十年で秩父も開けたようだ。全体に明るくなった景色で、それが私にはちょっぴり不満ではあるけれど、それでも秩父はなぜか好きで飽きない。また機会があったら、もっと山深い中双里や栃本の方へも行ってみたくなった。そういえばTさんとは山越えして、暗い山峡の奥の万場へも行ったことがあった。当時は気ままで身軽によく動き回っていたのが懐かしい。今は家庭の重さで身動きならぬ。図らずも限定された境遇に置かれているということなのだろうか。

帰途の電車から武甲山を真近に見ると、今日もどんより雲をかぶっていた。

（昭和61年8月）

西山温泉

中の湯

下部《しもべ》・湯河原・箱根

下部

このごろの小説家は、温泉宿などに逗留して、執筆をすることがあるのかどうか知らないけれど、ひと昔前の小説家は、その例がけっこう多かったらしい。今より小説家が恵まれていたのか、宿代が安かったのかしても、それにしてもよく赤字にならなかったものだと思う。野山を散策したり、湯につかり、酒を呑み、ときには芸者をあげることもあったかもしれない。実に優雅だと思えるが、それで小説稼業ができたのなら、やはりいい時代だったのだろう。

私は別にそういうことに憧れているわけではないけれど、家にとじこもり原稿描きしているとクサクサしてくる。そんなときは、身のほども考えず、何処か静かな温泉場へでも逃げ出して仕事をしたら、気分の転換になって清々するだろうと思うことがある。

しかし、マンガの場合は、原稿用紙とペンだけで仕事はできない。一切合財必要な道具や資料を持ち運ばなければならず、宿屋の部屋はたちまち労働の場と変じ、閑雅な気分にひたりながらの執筆というわけにはいかなくなる。マンガの絵を描く作業というのは、相当な労働で、酒など呑んだり、清流の音にしんみり耳を傾けたりの余裕はなくなってしまう。ひたすら労働に励む見苦しい姿を晒すだけになりみっともない。だからマンガ家で宿屋執筆をした話はあまり聞いたことがない。それでも煩雑な家にいるより宿屋のほうが気分良く仕事に専念できるのではないかと、温泉地へ行った折りなどチラと思ったりする。もちろん自分の収入では不可能なことは分っているけれど。

今年の夏は、下部、湯河原、箱根と一泊ずつして廻った。仕事の注文も跡切れ勝ちだったのが、コンスタントにできるようになり、気持ちもいくらか弾んで、もしかして将来は宿屋執筆も可能になるかもしれないと、そんな目で宿屋を見たりもした。

下部では、大市館という木造三階純和風の立派な宿屋に泊った。コンクリートの宿屋ばかり並ぶなかで注目されたが、どうせ高いだろうとひやかしで値段を聞いてみると、一万円だった。夏休みシーズンで、どこでもそのくらいは覚悟で来ていて思いがけなかった。通された部屋も重厚で広々していた。いつも国民宿舎や民宿など安宿しか知らない家族も喜んだ。「たまには贅沢をしてみるものね」と、部屋の造りを見廻したりして、妻子はさっそく卓上の茶菓子をほおばり、口の端からぼろぼろこぼしたりしていた。私はいつもの癖で、肘枕《ひじまくら》でだらしなく寝そべって、こんな宿屋に逗留して仕事をしたら、足が出るだろうナと思っていた。

しばらくすると、部屋の係りの女中さんが来て、是非とも先生に色紙を描いて頂きたいと云われた。私は跳ね起きてキョトンとした。女中さんは、当館の若旦那が先生のファンで、宿帳でお名前拝見してお願いに上りましたと云う。私は急に居ずまいを正して、内心はあわてながらも、物慣れたように鷹揚に云った。

「そうですか、宜しいですよ、でも今は筆記用具もありませんので、家に帰ったら送って上げましょう」

するど女中さんは、

「それでしたらすぐに色紙と筆を買って参ります」

と云う。こんなとき宿屋執筆などに慣れている文士なら、サラサラと苦もなく揮《き》毫《ごう》するのだろうけれど、初めての経験の私はすっかり上ってしまった。とても描けそうにない。

「色紙といってもいろいろありまして、私は鳥の子以外は使いませんでネ、なに必ず送って上げますよ」

とか云って窮地をかわしたけれど、鳥の子という色紙など何処にでも売っている。女中さんは、専門家の使う特別の色紙とでも思ったのか納得してひき下った。

それにしても、こんな一流の宿屋で私の名前など知っているのはとんでもないことで、私はすっかり戸惑った。とくに態度を改めたわけではないが、人格を疑われぬよう気配りはしたほうで、肩が凝った。高名な文士もさぞかし窮屈な思いをしているのではないかと、宿屋執筆も案外らくではないのかもしれないと思った。

若旦那は三十歳前後だろうか、玄関でスリッパをかたづけたりしている姿をチラと見た。自分で私に頼みにこれなかったのは、内気な人なのだろう。（色紙は約束どおり後日郵送すると、ぶどうを返礼された）

そういえば、この大市館の裏に源泉館という宿屋があった。井伏鱒二の定宿だったそうで、釣の好きな文豪が、源泉館主人と釣を楽しんだ話を読んだことがある。文豪が泊る宿屋はどんなものかと興味をもって見たが、私の見た位置が宿の表側なのか（多分裏側ではないかと思えるが）外観だけ見た感じではつまらぬ宿に見えた。川に面した大市館の裏側になり眺めはよくないし、文豪にふさわしくないように思えた。それとも一歩ひき下ったひかえ目な処に、夾雑《きようざつ》を排した奥の深さがあるのだろうか、いや奥の深さも感じさせない何気なさがあるのかもしれないと、ひとり合点したりした。

下部鉱泉は甲州一の名湯として有名だが、私は昭和四十六年に身延《みのぶ》まで来て、最近では三年前（五十七年）に隣りの甲斐常葉《かいときわ》に来ておりながら下部には寄らなかった。よく知られているから歓楽地かと思い、それと沸し湯というのが物足らぬ気がしていた。しかし開放的な温泉とくらべ、鉱泉はどことなく日蔭臭い味があるのが、だんだん解るようになってきた。イメージとしても、沸きたつ温泉より、青緑の冷ややかに澄んだ冷泉のほうが、気持ちに浸透してくる何かしら濃いものがあるように思える。大市館の浴場は地下の洞窟になっていた。いかにも霊泉に浸っている心地になる。町並みはホテルなどもあって鄙びてはいないが、思っていたより規模は小さく、浴客は老人ばかりで、山あいの静かな保養地として、私はわりに好きになった。

湯河原

翌日は、身延線で富士川に沿って下って行った。富士川はかつては堂々とした立派な川で、水運は盛んで、上流の鰍沢《かじかざわ》は港町として栄えていた。今は土石が堆積して水量は細く、渇水の状態と見た。日本の河川はいずこもダムや堰を設け川は痩せる。富士川がなみなみと水をたたえたら、きっと風格ある素晴らしい景色になるのではないかと、車窓から眺めながら行った。

列車は富士駅で東海道線に合流すると、急に速度を上げ三島まで素っ飛ばして行った。富士山はどんより雲がたれこめ見えなかった。列車がヤケクソに走っても、広大な裾野は尽きることがなく、姿が見えぬだけにとほうもなく巨大に想像された。三島止まりの列車を乗継いで、長い丹那トンネルを抜けると、熱海側は雨が降っていた。雨に波頭を叩かれ、うねりだけの静かな真夏の海も見て行った。

湯河原は、昭和三十一年から三十五年頃まで三度来たことがある。駅前に客引きがたむろしていたのんびりしたけしきは今はない。温泉街まで二キロ近くあり、雨具の用意もなく宿探しするのは難儀で、タクシーに乗り、一万円以内で泊れる宿を運転手に探して貰った。

「そりゃ無理ですよ」と云いながら、何軒か当って、ようやく寿荘という、なんの取り柄もない平凡な宿に泊ることができた。平凡こそ奥が深いと、変な慰めかたをしてみると、それなりに悪くない宿だった。かなりの部屋数があるのに客の姿はなく、おそろしくヒマで、好きな部屋を勝手に使ってくれと云われた。気らくな宿で書き物をするには案外穴場かと思ったが、一万円ではどうもならない。

湯河原は昔から多くの文士が利用したことで知られている。奥湯河原などつとに有名で、文士が泊ったことでハクが付き、庶民にはとても泊れない値段になっている。だが近ごろは文士の利用も少くなったと、さっき運転手は云っていた。昔日のしっとりした湯の町ムードが消え、魅力が失われたせいだろうか。かっては土産物屋が軒を並べ、赤ペン青ペンという色町もあり、ギターや三味線の流しの音も聴かれ、浴衣でそぞろ歩きもできた湯の町が、今はひっきりなし車が疾走し、うかうか散歩もしていられない。そのせいか浴客も外へ出ることはせず、路に人影はなく、店屋はさびれている。土産物屋が三軒ほどと、小さなパチンコ屋と、射的屋が一軒ずつ目についたくらいの物寂しさに変っている。旅館がホテルのように大型化するにつれ、宿の中に娯楽設備が整うと、外はさびれてしまうのだろう。あまりの変りようにがっかりした。

初めて湯河原に来たのはO先生の仕事を手伝うためで、O先生は、マンガ家では珍しく宿屋執筆を試みた。そのとき泊ったのは、赤い吊橋のある花乃屋という宿屋で、先生と私は半月ばかり滞在して、貸本マンガを一冊描き上げた。私は弟子だったわけではないが、先生は私を助手にして原稿の量産を考えていたようだった。

しかし先生の原稿料は一冊四万円の買切り。宿代は一人七百五十円を値切って六百五十円。一日二人で千三百円。十五日間で一万九千五百円になる。節約して昼食は外へうどんなどを食いに行ったが、たまには珈琲も飲んだ。仕事に疲れると先生はアンマさんも呼んだ。赤ペン青ペンから女を呼んで寝たりもした。そのうえ先生は、弟子だか居候だか分らぬ文学青年のような書生もかかえていた。東京との連絡に二度ばかり呼び寄せ、それに先生と私の往復の旅費を加え、さらに私への手伝い料を三、四千円支払った。差引き一体いくら残ったのだろう。毎夜遅くまで机にへばりついて、手拭いのハチ巻しめて頑張って、体は石のように動かぬから屁《へ》ばかりして、とうてい文士のそれとはほど遠いものではなかったろうか。

Ｏ先生は、マンガ家としては戦前からのキャリアがあり、私などには神様のように思えていた手塚治虫の名前を、会ったこともないのに手塚君などと君よばわりしていたが、自身は一流雑誌などには描いた経験もない貸本専門の三流マンガ家だった。一冊四万円の原稿料は現在なら三、四十万円くらいだろうか。調子よくいっても一人で描くと、一冊一カ月以上かかる。買切りだから印税は入らない。それっぽっちの原稿料で、無謀にも文士のマネごとをしたＯ先生の気がしれない。そのとき泊った花乃屋も、いつ廃業したのか、現在はあとかたもなかった。

箱根

あくる日は小田原を経て箱根へ行った。意外と旅好きの子どもにせがまれてもう一日のばすことにした。貧乏人の私には、箱根は縁のない所と決めていて、これまで来たことがなかった。

賑やかな湯本駅前から須雲《すくも》川の対岸の方を眺めると、ホテルが並び宿屋が多いように見えたが、昔から古風な宿屋のある塔ノ沢の方へ国道を歩いて行った。湯河原以上に車の通行が多く、猛スピードで走るので、歩道のない道を命がけで歩いた。車から避難する裏路でもあると助かるのだが、国道一本しかない。私たち以外歩いている人はまったくいない。危険で宿から外へ出ることもできないのだろう。出ても塔ノ沢には宿屋が二、三軒きりで店屋もない。純和風の高級旅館で私たちにはとても泊れそうにない。国道から逃げるため塔ノ沢から登山電車に乗って大平台へ行った。スイッチバックで登って、早川の渓谷を眼下にして、やはり天下の険といわれる険しさだと思った。

大平台は展《ひら》けた丘の斜面の新興の温泉。民宿のように小型の宿屋が二十数軒ある。森も渓谷もなく景色は単調。宿代が安いのだけがとりえで、一泊五千円の八千代荘に投宿した。しかし冷凍食品ばかりの料理には食欲が失せた。食堂で食べる式で、二十人からの老人客にとり囲まれて、静かな老人たちで、なんだか寂しい気持ちになった。この宿に決める前に、小さな宿屋に一度入った。宿屋造りをしていない普通の町家の構えで、民宿風でもない下宿屋のような感じで、部屋も三つほどしかなかった。あいにく窓のない暗い部屋しかなくとりやめたが、主人は教師のようなタイプで、勉強でもしたくなりそうな宿屋で、変った宿屋が好きな自分は、あとで面白そうに思えて、そちらに泊ればよかったと悔まれた。

翌朝は九時に部屋を掃除にきて、追い出されるように宿を出た。また登山電車で終点の強羅《ごうら》まで登った。会社の寮や団体施設のやたらに多い所で魅力なく、そこからロープウェイで登る大涌谷《おおわくだに》や芦ノ湖《あしのこ》も、期待はずれになるだろうと、行ってみる気になれなかった。

引返して宮ノ下に下車。宮ノ下、堂ケ島ともやはり国道に面してうるさい。宿屋は四、五軒と少く、大型高級宿ばかりで外人客が多いという。そのせいか骨董屋が二、三軒目についた。文化財級という豪壮な富士屋ホテルのすぐ横のパン屋で食パンを一斤買った。早川渓谷で食べるつもりだが、谷間へもたやすく降りることができない。さんざん降り口を探し回って、降りた谷は、旅館からの排水でひどく汚れていた。かなり深い谷で、谷底まで見物するものはいないらしい。

何もつけぬパンを三人でちぎって食べて、だんだん侘しい気持ちになった。大平台以外は、やはり貧乏人の来る所ではないようで、箱根の印象は、一部を見たにすぎないが、東北地方の鄙びた温泉地に馴染んできた私には、どうして人気があるのか解らなかった。

（昭和60年8月）

伊豆半島周遊

昭和五十八年の晩秋、落葉のカサコソする音に寂しい気持ちで沈んでいると、不意に来客があった。西伊豆松崎の「長八の宿・山光荘」のおかみさんで、私の住む団地にわざわざ訪ねて下さった。私が初めておかみさんに会ったのは、四十二年の夏にふらりと山光荘に泊ったときだったが、そのときはチラと会っただけで言葉を交わしたわけでもなかったから、この日が初対面であった。

おかみさんの来意は、かつて私がマンガで描いた「長八の宿」が、多少の宣伝にでもなったのだろうか、そのお礼に上ったとのことであった。挨拶にくるのが遅くなったのは、私の住所がどうしてもつきとめられず、過日マスコミ関係の人が泊った折、私の住所の探索を依頼し、ようやく尋ね当てたのだとか。私はこの十数年間は引越しばかりしていたから無理もないと、恐縮した。

私が描いた「長八の宿」は、山光荘がモデルではあるがすべてフィクションであった。山光荘は「海風荘」と変えた。しかしモデルにしたために何か迷惑がかかったかとちょっと心配でもあり、おかみさんに実際のことを尋ねてみた。

作中での山光荘は、もと網元が宿屋に転業したことにしてあるが、実際にはもと造り酒屋だったそうで、廃屋のごとく荒れていた家を、おかみさんがどうしても宿屋をやりたいといって改築させたとのことであった。マンガでは、宿の娘の女子大生マリちゃん、エッチな女中のトヨちゃん、下男のジッさんなど、勝手に創作した人物を配しているけれど、女子大生の娘さんがいたのは事実だったそうで、現在は三十六歳になり二人の子があり、東京の大泉学園に住んでいて、今日はその娘さんのご主人に車で連れてきて貰ったとおかみさんは云った。トヨちゃんという同名の女中さんもいたと聞いて私は驚いた。トヨちゃんは一度退職したあと、時々手伝いにくるそうで現在は七十歳とか。すると、私が山光荘に泊ったのは十六年前だから五十四歳だったわけで、マンガのように色っぽい女中さんではなかったことになる。下男のジッさんに該当する人物はいなかったそうだ。

私が初めて泊った頃の山光荘は、開業一年めくらいでまだ客も少なかったとか。

「先生が長八の宿をひき出してくれたおかげで……」という云いかたをおかみさんはしたが、その後テレビの「遠くへ行きたい」に取材され、横溝正史原作の映画にも利用され、最近では東海地方のテレビで、長八の鏝絵《こてえ》をとりあげ、その取材もあったとか。私はそういうことはつゆ知らずでいたが、それは私のマンガのせいではなく、ナマコ壁や長八の作品を保存している旧家の造りが貴重なのであって、売れないマンガの効験とはとても思えなかった。

山光荘はその後増改築もしたそうで、私の泊った土蔵造りの〝長八の間〟は「先生のお泊りになったときのまま、手を加えずにしてあります」と、おかみさんはわたしへの義理立てをしているかのように一寸胸を反らせてみせた。もちろん使用しながらのことだろうが、なんだか永久保存されそうなニュアンスに聞こえ、それでは私はまるで文豪扱いで、内心狼狽した。

話をしながら私は、細身でしなやかな和服姿のおかみさんを見て、とてもお孫さんがいるとは思えず、私は泊った翌朝宿代を支払うとき、ロビーでおかみさんと顔を合わせ、その美しさに卒倒しそうになったのを思い出したりした。

娘さんのご主人を外に待たせているからと、おかみさんは小一時間ほどで帰られたが、文豪にも漫豪にもほど遠い貧乏たらしい拙宅と、丁度持病の工合が悪く暗い顔で沈んでいた私を見て、イメージを壊したのではないかと、申し訳ない気がした。

私がふらりと山光荘に泊ったのは、手もとに残っているメモを見ると四十二年八月十日だった。西伊豆はまだ開発されておらず、鄙びている、行くなら今のうちだと噂に聞いて、友人のTさんと車で出かけ三島の方から伊豆半島に入ったのだった。

一泊めは、湯ケ島の美しい世古峡に面した「湯川屋」に投宿した。湯ケ島は初めてだったが好いところだと思った。湯ケ島に着く前に見てきた修善寺温泉とくらべると、景色は格段に秀れ静かで、とくに湯川屋のあたりの渓谷美は、梶井基次郎が賛美を惜しまなかったという。

湯川屋はとりたてて魅力のある宿ではなく、私たちはむしろ対岸の国民宿舎に泊りたいと思った。あいにく満員で断わられたために湯川屋に決めたのだったが、翌日宿を発つとき「うちには昔、梶井基次郎先生が滞在しておりました」と聞き、思いがけなく思った。若き日の尾崎士郎、宇野千代夫妻も泊りに来たとか。湯川屋は一泊千五百円だった。

湯ケ島に満足した私たちは、天城峠越えをしないでもと来た道を少し戻り、ひどい悪路の土肥《とい》峠を越えて西伊豆海岸へ出た。土肥の浜辺は砂地ではなく石コロばかりだった。堂ケ島に向かう途中の宇久須《うぐす》の黄金崎《こがねざき》も見た。堂ケ島は立派なホテルも建ち鄙びてはいなかった。堂ケ島から松崎を通過し、岩地の浜では少時泳いだりした。岩地は小さな入江の波静かな、その頃は鄙びて好いところだった。さらに半島の先の方へ向かい雲見でも少し遊んだ。雲見から妻良《めら》への道はまだ出来ていなかった。やむなく松崎へ引返すと日が暮れ、宿探しをすると何処も満員で、うろうろしていると「長八の宿・山光荘」が目にとまった。門構えなど高級な感じで好みではなかったが空いていた。開業間がなかったからだろう。私たちのような薄汚い若者を、どういうわけだか一番上等の〝長八の間〟に泊めてくれた。

長八の間は土蔵の二階で、重々しい板戸を開けると梯子のような細い階段がついていて、二階の部屋は八畳と（十畳だったか？）四畳のふた間で、いかにも旧家を思わせる凝った造りであった。襖には墨痕《ぼっこん》鮮やかな揮毫、畳と同じ位置の低い窓には鉄格子がはまり、縁側の柱や戸袋のようなところには、江戸時代の鏝絵の名工、入江長八の漆喰細工が痛みもせず見事に残されていた。

風呂から上がり浴衣に替えくつろぐと、こういう部屋にいる自分が文士にでもなった錯覚をおこしそうで、将来マンガで大儲けできることでもあれば、こういう宿で原稿執筆などしてみたい気分になった。

料理は鯛の尾頭つきをはじめ魚はすべて白モノばかり。女中さんが三人もはべり、Tさんはチビリチビリやってすっかり殿様気分。浜風に乗って盆踊りの太鼓の音も聴えていた。女中さんはうちわで私たちに風を送ってくれるが、盆踊りの音が盛り上がるにつれ、うちわの動きも早くなり、なんだかせかされているようで「どうかしたんですか」と訊くと「盆踊り九時までなんです」とそわそわしている。私たちの食事が済んだらいっせいに片づけ布団を敷き、飛び出して行くために三人も集まっていたのだった。

豪華な泊りだったのに宿代は一人千五百円で、内容は湯川屋よりずっと好かった。当時の千五百円は現在ならどのくらいの値になるのだろう。近頃は一万円程度の宿では女中さんの給仕はおろか、部屋で食事をすることもできなくなった。食堂で見知らぬ客とする食事は味けないものだと思う。

あくる日は、半島の突端石廊崎《いろうざき》を見て下田を見物したあと帰路につき、伊東の近くの八幡野《やわたの》という鄙びた漁村の釣宿「つり作」に泊った。民宿のように粗末な宿なのに千百円だった。小学一、二年の変にマセた女の子がいて、べらべらと話しかけてきて閉口した。全身くまなく蚊に喰われておできのように化膿し気味が悪く、部屋から追い出してもまた入ってきて、私はこの家の子ではない、この家の主婦の妹の子どもで、ここにあずけられている、父親が頭の中におできができて入院していて、母親は東京で働いている、という意味の身の上話など聞かされたりした。

宿に早めに入り時間をもてあまし、手もちぶさたであると云うと、Tさんは急に怒り出し、夕食後今夜中に帰ろうと云い出した。何故機嫌をそこねたのか分からない。一人で運転をしている疲れが積って噴き出したのだろうか。彼は部屋の隅に行きスネていた。ヤブ蚊の攻撃にも参り、窓や入口を閉め切り(まだ網戸が普及してなかった)蒸し暑く寝苦しく、汗をかきかき私もだんだんつまらない気持ちになってしまった。

翌朝は朝食のあとTさんはまたひと眠りしているので、私は女の子と入江の左の方の岬へ行ってみた。橋立というところで、そこは柱状節理の岩場で思いがけぬ奇勝であった。石鯛釣りが盛んであるらしい。女の子はヤッパノ岬と云った。八幡野岬を土地ではそう云うのか、女の子の口がまわらずそう聞こえたのか、良い名前だと思った。

(昭和42年8月)

西山温泉

養老（年金）鉱泉

山奥にこもる話、田舎にひっこむ話など時どきするもんだから、家のものは巻きぞえくうかとハラハラしている。それがこのごろは、やるなら一人でどうぞ、と相手にしなくなった。私も反省して、現実離れした夢想や偏屈な趣味はひっこめて、もっと現実的に将来の生活を設計する前向きの考えに改めた。

自分はいずれ年金生活を余儀なくされる。しかし年金だけでは暮しは立たない。どんなに倹約しようにも、都会にいては倹約の方法がないうえ、消費を煽られ目にみえぬ出費も多い。その点田舎に住めば、消費をする店屋もないし、ボロを着ていてもおかしくない。風呂、炊飯も薪を利用し、小さな畑でも耕し、山菜をとったり、鶏に卵を生ませたりすれば、何分の一かの自給にもなって、コマコマしていても何かと工夫の余地がある。どうにか年金でやっていけるのではないかと、こんな風に、地道に堅実に考えるようになった。だが家のものは、何かにつけ逃避的で、世間を狭くしているこちらの性根見すかして乗ってこない。

私は好みとしては、山川の変化の多い山梨県あたりに住みたいのだけれど、歳とったら寒さはこたえるし、耕作も考えると、気候温暖、地味肥沃の千葉県などが実際的かと思い、海の方はリゾート開発が盛んで住めないから、少し奥まって大多喜近辺が適当かと、何度か行ったことのある小さな田舎町を思い出してみたりした。大多喜の近くには養老鉱泉がある。まだ行ったことはないが、鉱泉場の近所に住まって鉱泉掘って、自家に鉱泉沸かしてとまたこんな趣味的なことも頭をかすめた。

で、丁度桜の時期にその養老鉱泉へ行ってみた。養老で年金暮しは老齢年金ではなく、養老年金だなアなどと思いながら、小さな鄙びた駅におりて歩き出した。鉱泉までは歩いて二、三十分。バスも出ているけれど、駅のそばの踏切を渡って行った。だいたいの方角は分っているが、人がいたので一応確かめてみると、バスの行く道はずっと先で線路を渡るので、この道は間違いだと教えられた。すぐ引返そうとすると、だけどこっちの方が近道だと教えられた。

だらだら坂を三百メートルほど下って行くと養老渓谷の鉄橋の上に出た。私は渓谷は好きで飽きないほうで眺めた。が、ここの谷は岩を噛むような急流はなく、流れは停滞し水量は少し浅く、人工の運河のように岩石ひとつなくのっぺりしている。なんだか活気のないこんな渓相も珍しく見た。

鉄橋を渡ると川辺に「明治資料館」という看板を出している農家がぽつんと一軒あった。――道を間違えて来て、この資料館はあとで収穫になったが――私は宿を決めるほうに気がせいて通りすぎた。少し坂を登ると右手に十戸ばかりの集落が瞰《かん》下《か》された。その横に沼か池かの一部が見えた。暗い沼辺で蟇《がま》のように陰気に暮らすのも自分に合っているナ、と私はすぐ偏屈なほうに傾きそうになる。この辺りの地形は崖の小さな起伏の変化があって悪くなさそうに眺めた。

資料館から川を離れ一キロほど木蔭の道を登り下りすると、また川に出て、まだ新しそうなペンションがあった。その辺にかたまる人家の路地を抜けると、駅から来る広いバス道路にひょいと出た。そこが鉱泉場で、大きな割烹風の宿屋と四、五階のホテルが二軒、周囲の景色に異質に目についた。観光地によくある通俗的な赤い太鼓橋も架って、私は、千葉あたりの鉱泉なら田舎じみているかと想って来てみて、立派な宿屋に驚いた。渓流はこの鉱泉の中心にちょこっと顔を出して急に折れ曲り姿を消して、バス道路だけが殺風景にのびている。せっかく渓流がありながら、窓下に流れを見る位置に宿屋はなく、勿体ないと思った。ヒマな時期なのか人影は見えない。バス道路を少し先に行くと、また三、四軒小型の宿屋が粗末な人家と並んでとびとびにあった。いずれもアパートのような安造りで道路にむき出しで味気ない。

どの宿屋にも泊る気がせず、私はやや心持ちをそがれ、つまらぬ一本道を尚も先に行くと、道端にこごんで何かしている人がいた。宿屋も尽きて「この先に宿屋はありませんか」と尋ねると「少し先を右に折れるともう一軒ある、じきだ」それが最後だと教えられた。

その右に折れる道は、壁のように立塞ぐ崖のトンネルに入り、七、八十メートルほどの長さを抜けると渓谷に出た。いましがたホテルの前で消えた渓谷は、この崖の裏に流れていて、バス道路の方からはまったく見えなかった。山のように見えていた崖の連なりは、屏風を立てたように薄ぺらなものだったので、私はトンネルを抜けて風景画の裏側に回ってしまったような変な錯覚を起こしそうになった。表から見えぬ裏側は、狭い谷間で、トンネルの出口に橋があり、そのたもとの崖の棚に小さな宿屋が一軒きり、他に人家はなくひっそりあった。私は橋の上に佇んで、静かな谷間を眺めて、ここは思いがけぬ別天地に映った。古ぼけた宿屋も私好みで景色にしっくり溶けこんでいる。

宿屋はさいわい空いていた。ミシミシきしむ階段を上り、二階の奥まった部屋に通されると、畳が隅の方で傾いていた。外壁は白ペンキで改装してあるが、中は昔ながらの鉱泉宿然とした趣きで、今どき懐かしい気がした。お茶をのんでひと息つくと、私はもうここに何日も滞在して馴染んでいるような気易さを覚えた。私は、旅の印象を良くするのも悪くするのも、その半分くらいは宿屋次第と思っているので、この素朴な宿屋に泊れたことを喜んだ。そして、もしこの宿屋とこの崖裏の静かな谷間を知らずにホテルだけ見て帰ったら、養老鉱泉の印象はつまらなくするところだったかもしれないと思った。泊り客は、日焼けして漁師のような感じの、人柄の地味そうな若夫婦がひと組だけで、廊下でドテラ姿でくつろいでいた。

風呂場は小さいながら崖をくり抜いて洞窟になっていた。湯気がこもって中が見えぬほどで、つるつるした肌触りのコーヒー色した湯があふれていた。沸し湯でもこのあたりは無尽蔵の天然ガスが噴き出て、昼夜休みなく温めているので、随時に入浴できると、気さくなおかみさんが云っていた。近ごろはどこの温泉も浴場はタイルで思い切り明るくて味気ないが、この暗い穴倉の湯もまた気に入った。無尽蔵に天然ガスが出るのなら、常時湯を沸かし、露天風呂も作れるわけで、この辺に住まって鉱泉を掘るのは無理でも、谷川の水でも利用して、あふれるような露天風呂が作れないものだろうか。それとも天然ガスでもガス会社から供給されて料金を支払うのだろうか、そんなことを考えた。夕食には好物のでかいうなぎの蒲焼きが出て、宿屋の食膳に蒲焼きは珍しいと思った。

翌朝はゆっくり宿を出た。宿の対岸に下流に向かって細い遊歩道がある。少し先に行ってみると、色あせた提灯を軒下に並べた、ヒマで休業しているらしい粗末な店屋があった。その十メートルほど先に小さな空家があった。この谷間で人家はこれだけで、空家は解体でもされるのか、襖、ガラス戸など取払って中が見えた。六畳二間に三畳の台所、ブリキで囲った風呂場もあるようで、誰かの別荘か隠居所だったのだろうか。放置されているのなら、ひょっとして手に入れることも可能かと、ここに住むことを想ってみた。窓下に渓流、背後は崖で畑作りするスペースはないが、景色の良さに惹かれた。

私はこの初め資料館のそばで、この川ののっぺりした変化の乏しさを不満に思っていたけれど、鄙びた宿屋をふくめてここの谷間はなかなか好きになった。トロトロかすかに聞こえる瀬音に耳を澄ませ、木々の梢も葉も空気も静止した静寂に包まれていると、これが激流だったらかえってありふれていたかもしれないと見直した。刺激も活気もないのが、見かたによっては物深く感じられるもので、地味で年寄り向きで、養老という名がなるほどと思えた。この渋い味はやはり年金暮しにふさわしく思えた。

空家の少し先で遊歩道は跡切れている。そこから川の中の飛石伝いに向う岸へ渡れるようになっている。その先にはこの渓谷の名勝の一つ、弘文洞《こうぶんどう》があるらしいが、飛石に流木や笹やらゴミが溜り、先へ行くことができない。弘文洞は崖が風化によってできた巨大なトンネルだが、今は豪雨によって天井が崩壊しているという。

もとに引返すと、橋の所から川を離れて山の方の村へ行く道がある。途中いくつかのトンネルがあるようで、そっちの様子を見ておこうかと思ったが、この谷間を見て、ここだけでもう満足して、昨日来た道を戻って、明治資料館へ寄ってみた。

ワラ屋根にトタンを被せた資料館は、公営かと思ったら私営で、農家の土間の一隅に、昔の生活道具が展示というより雑然と置かれてほこりをかぶっていた。老夫婦でやっているようで、わずかな料金を払うと、ずんぐりむっくりした親爺さんが、手製の竹筒のカンテラにローソクを灯して貸してくれた。この資料館の周囲の崖にほら穴があって、その探検用だと云う。私のすぐあとにリュックを背負った若い女性が一人やってきた。養老川を上流から下流まで調査していると云って、親爺さんに川のことをいろいろ尋ねていたが、無愛想というのではなく、寡黙な親爺さんは口数が少い。その女性は学生か、それとも何か紀行の仕事でもしているのか。近ごろハイキングが盛んで、プロでなくとも文章にまとめて寄稿する人が増えているという。そういう趣味の人なのだろうか、しきりに写真を撮っていた。若い女性の享楽に傾く時節柄、とても好感がもてた。

資料館の川岸には、椀を伏せたような直径七、八メートルほどの小島がある。親爺さんが作ったらしい小さな木橋を渡ると、その小島には蜂の巣のような小窓がくり抜かれ、カンテラ下げて中に入ると、島の中はぐるりとラセン状に巻貝のようになっていた。自然の穴ではなく手掘りに違いない。その小島のそばの崖には、やはり手掘りのような、こごんで入るくらいの細いトンネルが穿ってある。三十メートルほどをくぐると、崖の裏に出て、そこにはひとまたぎできそうな沢が流れていた。親爺さんの説明では、トンネルの裏に良い所があると云っていたが、なんということもない。若い女性もあとから来て、その沢が養老川にそそぐ所に立って眺めていた。私は離れて石に腰をおろして煙草を吸っていた。

この崖裏は、家がやっと一、二軒建てられるくらいの狭い袋小路のような所で、沢は三十メートルほど先で灌木や雑草の繁みにかくれて、その先は自然にできた暗《あん》渠《きょ》の中にもぐり込んでいる。水は澄んで飲めそうだが、どうしてこんな所が良い所だと親爺さんは云うのか、私は首をかしげた。トンネルを通さなければ、どこからもこの隙間のような沢には来ることができない。外界からまったく隔絶したようなこんな所に、何故わざわざトンネルを掘ったのだろう。もしかして親爺さんは閉所や穴倉などが好きなのではないか、そうだとすると私も似た傾向があるので、改めて眺めると、独居するには最適の場所に思えた。

元に戻ってカンテラを返そうとすると、母家とはつながっているが増築した小屋の切符売場に親爺さんの姿はなく、母家の方から声だけ聞こえて、お茶を飲んでゆけと云う。小屋の中の縁台に、梅干、ラッキョウ、茶器などが並べてあった。自家製のようなラッキョウを私はボリボリ十個ばかり食べながら、それにしても変った商売をしているナ、と思った。古道具を集めて、その辺の崖に、どうみても親爺さんが掘ったらしい穴をあけ、敷地内のベンチや木橋や休憩所や、梅干、ラッキョウにいたるまで手作りで、内気そうで無口で、どういう人なのか心にとまった。

ごちそう様と云って腰を上げると、またどこにいるのか「橋の向こうの股倉《またぐら》観音を見て行って下さい」と親爺さんの声がした。股倉観音とは聞きなれない。駅の方へ向かって昨日の鉄橋を渡ると、渡った所にワラ屋根の小屋があった。中に足踏みの杵と臼が二基据えられて、これも展示品なのだろう。そのすぐそばに股倉観音の小さな祠があった。覗くと、人体に似た木の股が何本も立てかけてある。板におそろしく稚拙に浮彫りした股をひろげた女体が三体。ヌード写真が印刷されたブリキのお盆、木の股にパンツをはかせたのもあったりで、ちょっと苦笑が出た。

この一角は箱庭のように狭く、小さな沢や崖がごちゃごちゃ入り組んでいくつもトンネルがある。すべて手掘りのようで、砂まじりの軟かい土質とはいえ、これだけ掘るのにいったい何年かかったのだろう。趣味なのか生活のためなのか、怪訝に眺めた。カンテラを返してきたので、全部は見きれないので、適当に一つの穴を選んでライターの光で入ってみたが、股倉観音を見たあとなので、股倉の中へ入って行くような変な心持ちがした。そして、股倉の奥へ奥へと暗い穴を掘り続けていった親爺さんの心を想ってみたりした。

けっこう長い迷路のような胎内めぐりから出てくると、そこにはまたワラ屋根の小屋があった。掘り抜きの井戸もある。小屋の中はひどく貧し気で、ムシロを敷いた八畳ほどの居間と、同じくらいの広さの土間になっている。土間の隅に竈はあるが、便所や風呂はない。掲示されてある説明を読むと、江戸時代の最下層民家とある。徳川幕府は、厳しい不当な身分制度を設けた。最下層民の住居というのは、士農工商のなおおかれた当時の被差別民の小屋のことなのだろうか？　説明には、広さ、間取り、窓の位置、大きさ、材木の種類まで制限されたと書いてある。

私の住んでいる所から自転車で三十分の所に川崎の民家園がある。全国の古民家を移築復元して集め、江戸時代のものもあるが、何故か最下層民家はない。それを親爺さんは、こんな所にどんな意図で復元したのだろうか、なんだか怨念が伝わってくるようでもあり、胎内にもぐり込もうとした親爺さんの心の根のほうで、何かがからんでいるのではないかと、私はあらぬ想像をめぐらしてみたりした。

昨日道を間違えてきたダラダラ坂を駅の方へ登って行きながら、資料館をふり返って見て、風変りな商売をしている親爺さんのアイデアに、私はしきりに感心した。たいした収入にはならないだろうが、年金と合わせてどうにか暮らせるのかと想うと、羨望を覚えた。これまで田舎暮しの方法を私もいくつか考えてみたけれど、この親爺さんの（事情は判らぬが）老後の生きかたは理想的に思えた。

（昭和63年4月）

岩瀬湯本温泉

湯口屋旅館

丹沢の鉱泉

現在の生活にいいかげん観念してしまえばいいものを、私は往生際の悪い人間か、今度はまた「鉱泉宿を始めようかしら」と滅相なことを考えだした。

熱い湯の温泉は、好景気のため温泉ブームで、湯の権利を買うことなど不可能だし、それにブームですっかりイメージが変り、ふやけてしまって魅力がないが、鉱泉のほうは、湯量が少く沸し湯で、燃料の節約で湯船も小さく、何かとケチ臭くコマコマしていて、宿屋もたいてい田舎じみた一軒宿か、せいぜい二、三軒の小ぢんまりした所が多く、中には地図や案内書にも載っていない地元の人しか知らない、農業の片手間にやっているような不景気な宿屋もあったりして、およそブームにはなりそうにないマイナーの味がある。マイナーの味のするものは、時代の代替りに消えていく例で、貧乏臭い鉱泉など、経営者が老齢、病気、死亡などするとあとを継ぐ者もいないようで、廃業するのが少くない。

で、今住んでいる住宅を処分すれば（といっても団地の小さな部屋だが）辺鄙《へんぴ》な場所ならなんとか買うことはできるのではないか。辺鄙な所だと客もあまり来ないだろうが、最低食っていければいいのでヒマなほうがいいわけで……。とこんな風に考えたのだった。

私は自分の好きなことは趣味にとどめているだけでは物足りず、何でも商売にしたくなる性分で、旅が好きだから「旅屋」を考えてみたり、さんぽが好きなので「さんぽ家」になろうと思ったりエスカレートするのだが、「旅屋」も「さんぽ家」も収入にはならない。だが、鉱泉なら現実味がある。

鉱泉業のことは以前にもちょっと考えたことがあって、山梨県上野原の鶴鉱泉、金子鉱泉、仲山鉱泉に目をつけたりしていたことがあった。金子と仲山は電話が通じなくて、役場に尋ねると、詳しいことは分らない、休業か廃業をしたのだろうと云われ、鉱泉はたいてい婆さんがやっているので亡くなったのかなと思った。もう一軒の鶴鉱泉は電話をすると、台風で屋根を吹きとばされ、家の回りも土砂に埋り手がつけられない、金もないしもう再開する見通しはない、とやはり婆さんの声で云われた。それからぐずぐずしていて二年ほどが過ぎて鶴鉱泉を訪ねてみると再開していた。おそろしくボロ宿なのに満員で泊れなかった。丁度ハイキングブームが始まり、鉱泉の先にハイキングコースの大地峠があり、ハイカーの泊りが増えたようで、廃業に到らなかったらしい。金子と仲山のほうは様子を見に行ってないがどうなったろうか。

私は日々の感情に動かされすぐ気が変ったりするので、鉱泉のことはそれきりになっていたが、最近また復活したのだった。復活のきっかけは、近場に小旅行をしようと思い、神奈川の丹沢の地図を見ていたら、裏面に丹沢山麓に点在する鉱泉宿の案内があって、半原の塩川鉱泉は現在休業中になっていた。丹沢では塩川と別所鉱泉の鄙びているらしいのは以前から知っていたので、二つのうちどちらかに泊ろうと予定をしていたのだが、塩川の休業中というのが気になった。「滝の家」という一軒宿で経営者の名前は女性名になっている。もしかしてやはりお婆さんで老齢のためではないかと推測して、休業中なら電話も通じないと思って役場に問合わせてみた。すると一年ほど前から休業していたが、最近経営者が替って再開したのだと教えられた。経営者が替ったと聞いて、丹沢は場所として悪くないし、距離的にもつい近所といえるので、そんな近くに鉱泉の廃業があったのを知らずにいたのは、掘出し物を逃がしたようで悔しくて、冷めていた気持ちが急に蘇ったのだった。

しかし、それにしても、塩川のような寂れた所を一体誰が買ったのか、いくらくらいしたのか、もう替ってしまったのなら仕方がないが、気になるので、後学のため実地見聞してみようと丹沢へ出かけてみた。

小田急線の本厚木に下車して、宮ケ瀬行きのバスに乗った。塩川へ行くには方角の違う半原行きに乗るのだが、もう一つ鄙びた別所鉱泉を先に見て行こうと思って宮ケ瀬行きに乗ったのだった。二十分もするともう目の前に丹沢山塊が迫っていた。バスの乗客は、別所より少し手前の飯山鉱泉で皆下車した。飯山は宿屋も五、六軒あるとかで鄙びてはいない。バスは山の腰を回り、飯山から十分ほどで、飯山のひと山裏側に位置する別所に着いた。

バスを降りると、山峡の宮ケ瀬へ続く街道に面して酒屋と食品店が二軒並んでいた。街道の片側は崖の下に小鮎《こあゆ》川が流れているが、樹木に覆われて見えない。街道に面して人家は六、七軒しかなく淋しい。二軒の店屋の間に細い路地があり、その奥へ百メートルほど行くと山にぶつかり袋小路のように行き止って、二十戸ほどの集落があった。大都会の厚木に近いから集落は田舎じみてはいない。その人家より一段下った沢の底に、元湯旅館と渓間屋《たにま》の二軒がくっつくように並んでいる。沢といっても幅は一メートルほどで水は澄んでいるが、ただのドブ川を見るようで風情も何もない。人家に囲まれて景色はまことにつまらない。元湯旅館のほうは改築してきれいだが、渓間屋はまったくの田舎宿。道から一段下っているので、二階の窓を通して客間が見え、畳が傾いている。反対側の窓の方に回ると、沢をはさんで竹藪が宿に覆いかぶさり蜘蛛の巣だらけ。斜め向いに墓場。やりきれないほど侘しい。近くに飯山鉱泉、七沢鉱泉があるから、こんな侘しい所に泊る者はいないのではないか。しかし、暗くて惨めで貧乏たらしさに惹かれる私は、穴場を発見したようで嬉しくなった。屈託したときはここへ来て、太い溜息でもつくには格好の所である。自分が宿屋業をするときは、こういう感じでやりたいと思った。

塩川鉱泉へ行く予定を変えてこっちに泊りたくなったが、今日は休みだと云われた。車で引越しのような大きな荷物が運びこまれたりしていて、何かとりこみ中のようだった。

別所から塩川へ行くには、仏果山《ぶつかさん》、経ケ岳《きようだけ》の尾根を越えなくてはならない。バスで行くには駅の方へ引返し迂回する。またはずっと山中の宮ケ瀬の方から回る方法しかない。宮ケ瀬まで行けば、有名な中津渓谷を見ながら塩川へ行けるので、私は宮ケ瀬行きのバスに乗った。バスは坂を登りずんずん山の中へ入って行く。山峡の宮ケ瀬には鄙びた山村でもあるかと期待をしていた。私は鉱泉業とはまた別に、山ごもりでもして孤独に暮らそうかと、ひねくれた考えもしているので、丹沢の奥もついでに見ておきたいと思っていた。バスは三十分で終点に着いた。

そこは気の遠くなるような深い渓谷を見おろす高台で、新しいペンションや丸太作りのレストラン、喫茶店などがハデハデに並んで、オートバイが数百台、若者でごった返していた。私は呆然とした。

「あの、ここが宮ケ瀬ですか？　村はないんですか」とバスの運転手に尋ねると、

「ダム工事が始まって村は立退きさせられたんですよ、この辺もみんな数年先にはダム湖になるんですよ」と運転手は云った。

「じゃあ、こんな山奥のこの賑やかな店屋はなんなんですか！」

「ダム湖になれば、ここが丁度展望台になるんで、これからもっともっと発展しますよう」

と、運転手は得意そうで、ここから塩川鉱泉の方へ行く中津渓谷沿いの道は、工事のため通行止めになっているという。こんな所に一刻もいたくないので、私は折返し発車するバスで元の道を引返した。

日が暮れてまた別所で下車した。暗くなって、これから駅の方へ回って塩川へ行くと、予約もしてないので、もし泊れなかった場合は難儀をする。といって別所の元湯旅館では物足りないので、近くの七沢鉱泉に行ってみるつもりだった。しかし、食品店で七沢への道を尋ねると、四、五キロはある。バスはないので夜道を行くのは無理だといわれ、しかたなく飯山へ行った。

飯山鉱泉は、行基菩薩《ぎょうきぼさつ》の開創と伝えられる古刹《こさつ》、飯山観音の門前にある。五、六軒の宿屋は離れ離れにあるので、暗くて宿定めに手間どり、まったくなんということもないつまらぬ宿屋に泊ってしまった。鉱泉なんか出ていたかどうか怪しい宿で、値切ったのに一万円もとられ、頭にきて、頭にきたまま翌日は観音様に参拝した。

塩川鉱泉へは、遠回りがどうも面白くないので、尾根の低くなる尻尾の方で尾根越えしようと思い、及川という所まで歩き、そこからなだらかな丘のように低くなった尾根を越えた。のんびり歩くのは好きだが、途中の道はダンプの疾走する退屈な道で、さんざん歩いて、急がば回るべきだったかとがっくり疲れた。新宿《にいじゅく》という所へ出て、そこでラーメンを食べた。その向いに小さな古本屋があり、覗いたりして、知らない町で店屋に入ったりするとき、私は旅情を感じる。

新宿から半原行きのバスに乗ると二十分ほどで半僧坊前で下車した。本厚木駅からなら三十五分かかる。半僧坊前で中津川にぶつかり、鉱泉は橋の手前を左に折れ、川沿いの道を一キロほど歩く。人家のないダンプ専用道路のような殺風景な道が続き、登りにさしかかる手前で川原に下ると、細い沢が中津川にそそいでいる。その沢に沿って奥の方へ四百メートルほど入ると、塩川鉱泉はあるのだが、広々した川原は無数のカラスが舞い不気味な声をあげている。ゴミが散乱して荒涼としている。名勝中津渓谷はもっと上流で、この辺りは対岸へ歩いて渡れるほど浅い。川原の一角に新築の明るい洋風の宿屋があった。宿の周囲を〝猪料理〟と染めた旗がとり囲み、おそろしく通俗的。そこから沢の方に百メートルほど入るとまた新築の宿屋があった。たしか滝の家が一軒きりのはずなのに、こんな殺風景な所に二軒も宿屋が誕生して不審に眺めた。

沢は二軒めの宿屋から先は、山の割れ目のように急に狭い谷間になり、さらに百メートルほど奥へ行くと、崖の棚に目的の滝の家があった。みすぼらしい宿で、暗い谷間に挟まれているせいか、別所の渓間屋よりもっと寂れた感じで、私は感激でドキドキした。しかし人の気配はない。声をかけても返事がない。玄関もその横の縁側も鍵がかかっていた。縁側の外にバイクがあり、丸いテーブルと椅子が据えてあり、その上に灰皿がある。休業中とは思えないので、ちょっと留守なのかもしれない。私は椅子に掛けしばらく休んでいたが、そうしていても仕方がないので、宿から先の沢の上流の方へ行ってみた。上流には滝がある。

幅二メートルほど、水深十センチもない惨めな沢に沿って行くと、谷間はさらに細く暗くなり、空は晴れているのに陽も射さない。百メートルほど行くと沢のへりに小屋があった。ここも滝の家の別棟のようで、ガラス戸から中を覗くと、大きなソファーや家具が雑然と置いてある。自分がこの宿の主人だったら、ここを書斎か別荘にしたら素敵だろうと思った。小屋の中からゴムホースが出て、沢に向かって勢いよく水が噴出している。小屋の中に源泉でも湧いているのか、屋根には昔ながらのH型の煙突があるので、ここで鉱泉を温めているのだろうか。

小屋からさらに百メートルほど行くと、方丈くらいの小さなお堂があった。昔この谷間で良弁僧正が修行をしていたという、その縁《ゆか》りの堂だろうか。すぐそばに崩れかかった廃屋が草に埋もれていた。ここまで来るととても人は住めそうにないのに、誰か住んでいたのだろうか。ここで生活をするには近くに店屋もない。自給の畑作りするスペースもない。陽も射さず健康に悪い。よほど自分に絶望し、自分を棄てる覚悟でなくては住めないのではないかと見て思った。

じめじめぬかるんだ道を草を分けて尚も百メートルほど行くと、沢は行き詰って滝が落ちていた。落差十五メートルほど、水量も細い。三方を切り立つ岩壁に囲まれて滝は少し横にひっこんで見えにくい。そのためかなり高い位置に赤い小さな橋が架けられ滝を見物するよう工夫がしてあるが、そうまでして見るほどの滝ではない。しかし、この盲腸の奥のような、暗い袋小路に佇んでいると、なんともいい表しようのない不思議な感銘を覚える。あまりに陰々滅々として参ってしまうせいだろうか。自然の景色でこんな陰気は見たことがない。まったく救いがない。身も心も泥のように重くなる。

——善人なおもて往生をとぐ　いわんや悪人をや——

唐突に親鸞のことばが浮かんだりして、ここで坊さんが修行をしていたというのが分ったような気がした。

宿の前に戻ってまた一服して、感激をかみしめたあと引返すと、新築したばかりの宿屋からオカミさんが外へ出ていたので声をかけてみた。滝の家を買取った人はどんな人か訊くと、停年退職したようなオジさんで、家族は東京にいて、オジさん一人で宿をやっていると教えてくれた。「この辺は店屋もないので、時どきバイクで食料など仕入れに行ってますけどネ」と云った。一人で気ままにやれるということは、たいして忙しくないのだろう。私の考えていた案と同じようなことをしているわけで、どんな人物なのかそのオジさんにすごく興味を覚えた。いくらで買取ったのか気になって、

「この辺の土地は高いんですかねえ」

と訊くと、この辺は調整区域で安いらしいけど、家を新築することはできないと

云った。二軒も新しい宿屋ができたのは、宮ケ瀬ダム工事で立退きした者が、その補償にこの土地を貰ったので特別なのだと、そんな事情も話してくれた。けれど、ヒマで困っていると云った。

一般の行楽客にとっては、暗い谷間とちっぽけな滝、中津川の川原は殺風景で、これほどつまらぬ所はないだろうが、私はここが、とくに滝やお堂がすっかり気に入った。鉱泉業のことはともかくとして、こんな絶望的な場所があるのを発見したのは、なんだか救われるような気がした。

（昭和63年11月）

文庫版あとがき

温泉好きというと、のん気で気楽な身分のように誤解されることがある。けれど私の場合は行楽としての温泉には関心がなく、昔ながらの地味で面白味のない湯治場に惹かれていた。

そのような偏りは、青くさいことを言うと、なぜかこの現実から逃亡したい思いが無意識に巣喰っていたようで、その不安の癒しを求めて湯治場にこだわっていたのではないかと思える。

古い湯治場はたいてい貧乏臭く老朽化している。ときには乞食小屋と見まごうボロ宿もある。浴客もみすぼらしく老朽化した老人ばかりで、見た目の印象では〝姥捨て〟が想像され、その侘しい雰囲気が癒しになるのだった。

姥捨ては、老いて社会的に機能しなくなった役立たずの捨て場である。社会との関係からはずれた境遇は、関係に規定されている「自己」から解放され、意味も根拠もなくなるのではないかと思える。意味も根拠もない存在とは「存在しながら存在しない」非存在といえる。

すべての関係から切れて、誰にも承認されず束縛もされない解放されている例としては乞食を挙げることができるが、私にとっての逃亡の意味も、乞食のように「存在しない」ように生きることが願いであったらしく、姥捨てムードに浸ると、深い安らぎを覚えるのだった。

といっても、そこに永住できるものではなく、宿泊中の一時的な慰めにすぎず、その満たされぬ思いから、しつこく湯治場めぐりをするようになったのではないかと思える。

ここに収めた駄文にはまだ逃亡願望は反映されてはいないけれど、それが意識化される経緯は、いずれ存在論的にまとめてみたいと腹案を練っている。

本書は二〇〇三年、カタログハウスから刊行されたもので、文庫判に縮小するに際し、写真のレイアウトの都合で原形を大幅に改編せざるをえなくなった。それにともない温泉を舞台にした短編マンガ六作も、これまでにくり返しあちこちに収録されているので削除した。

　このように改造しすぎてしまったため、原本の制作にご尽力いただいたカタログハウスの竹井賢氏と、評論家の皆川勤氏、北冬書房の高野慎三氏にはご迷惑をおかけする結果になった。

　文庫の担当は、いつもお世話になっている青木真次氏に、このたびも柔軟な対応をしていただき厚く御礼を申し上げる。

二〇一二年初夏

つげ義春

本書は、カタログハウスから、２００３年３月に刊行されたものに
大幅な再編集を加えました。

ちくま文庫

つげ義春《よしはる》の温泉《おんせん》

二〇一二年 六 月 十 日　第一刷発行
二〇二五年 四 月 五 日　第九刷発行

著　者　つげ義春（つげ・よしはる）
発行者　増田健史
発行所　株式会社 筑摩書房
東京都台東区蔵前二―五―三　〒一一一―八七五五
電話番号　〇三―五六八七―二六〇一（代表）
装幀者　安野光雅
印刷所　ＴＯＰＰＡＮクロレ株式会社
製本所　加藤製本株式会社

ISBN978-4-480-42953-7　C0195